全国技工院校汽车维修专业（中级技能层级）

汽车电控发动机构造与维修（第二版）习题册

夏慧娟◎主编

中国劳动社会保障出版社

简介

本习题册是全国技工院校汽车维修专业模块化教材（中级技能层级）《汽车电控发动机构造与维修（第二版）》的配套用书。习题册内容紧扣教学要求，注重基础知识的巩固和基本能力的培养，知识点分布均衡，题型丰富，难易适当，有助于学生复习巩固所学知识。

本习题册由夏慧娟任主编，袁国强、何宇参加编写；许云珍任主审。

图书在版编目（CIP）数据

汽车电控发动机构造与维修（第二版）习题册 / 夏慧娟主编. -- 北京：中国劳动社会保障出版社，2024.
（全国技工院校汽车维修专业：中级技能层级）.
ISBN 978-7-5167-6489-3

Ⅰ. U472. 43-44

中国国家版本馆 CIP 数据核字第 2024AC7404 号

中国劳动社会保障出版社出版发行
（北京市惠新东街 1 号　邮政编码：100029）

*

北京鑫海金澳胶印有限公司印刷装订　　新华书店经销

787 毫米 ×1092 毫米　16 开本　5.25 印张　102 千字
2024 年 7 月第 1 版　　2025 年 7 月第 2 次印刷

定价：11.00 元

营销中心电话：400-606-6496
出版社网址：http://www.class.com.cn
http://jg.class.com.cn

目 录

项目一　电控发动机的整体认知

一、填空题（将正确答案填在横线上）

1．1967 年，德国 BOSCH 公司开发了 D-Jetronic 系统，利用进气歧管的______传感器来检测进气量。

2．与 D 型电控汽油喷射系统相比，L 型电控汽油喷射系统的______和______大大提高，稳定性好。

3．电控发动机特征最明显的电控燃油喷射系统由______系统、______系统和______系统组成。

4．空气供给系统的功能是______和______发动机燃烧时所需的空气量。

5．空气经空气滤清器过滤后，由______检测进气量，通过______进入进气总管，再通过进气歧管分配给各气缸。

6．燃油供给系统由油箱、______、______、燃油分配管、喷油器、燃油压力调节器及回油管等组成。

7．电子控制系统由______、______和______组成。

8．汽车电控发动机利用各种______检测发动机的各种状态。

9．ECU 不断监测各元件的工作状态，如果有故障信息，立即通过______系统对外输出。

10．空气流量的直接测量方式是利用______直接测量单位时间内发动机吸入的空气量，然后根据发动机转速计算每一循环需要的空气量，并由此计算出该循环______。

11．空气流量的直接测量方式包括______测量方式和______测量方式两种。

12．空气流量的间接测量方式包括______测量方式和______测量方式两种。

13．按喷油是否连续分类，电控燃油喷射系统可分为______型和______型两类。

14．同步喷射分为______喷射、______喷射和______喷射三种。

15．按燃油喷射位置分类，电控发动机分为______喷射和______喷射两类。

16．按喷射装置的控制方式分类，燃油喷射系统可分为______式、

________式和________式三类。

17．发动机________的开启升程、开启和关闭时刻，对发动机性能有着重要影响。

18．目前人们研究的发动机新燃料主要有________、二甲基醚、________、植物油和人造汽油等。

19．激光点火能更有效地控制________和________，因此能准确地控制点火时刻，实现电控。

20．汽油机负荷控制技术的关键是解决部分负荷时________燃烧的问题。

二、选择题（将正确答案的序号填在括号内）

1．最早研制汽车电子燃油喷射装置的是（　　）公司。

A．BOSCH　　B．Bendix

C．通用　　D．福特

2．1983 年，德国 BOSCH 公司推出的 Mono-Jetronic 单点低压中央喷射系统的燃油压力只有（　　）MPa。

A．0.05　　B．0.1　　C．0.15　　D．0.2

3．缸内喷射可以用超稀的混合气工作，空燃比最高可达（　　）。

A．20∶1　　B．30∶1　　C．40∶1　　D．50∶1

4．缸外喷射方式中，喷油器被安装在（　　）内或进气门附近。

A．进气总管　　B．进气歧管

C．气缸盖　　D．排气管

5．单点燃油喷射系统是在（　　）上安装一个或两个喷油器，向进气歧管中喷射燃油形成可燃混合气。

A．进气总管　　B．进气歧管

C．气缸盖　　D．节气门体

三、判断题（正确的打“√”，错误的打“×”）

1．燃油供给系统的功能是向气缸内供给燃烧时所需的汽油量。（　　）

2．燃油滤清器的作用是去除燃油中的水分和杂质。（　　）

3．喷油器将适量的燃油喷到进气门前，待做功行程时，再将燃油混合气吸入气缸中。（　　）

4．空气流量传感器安装在空气滤清器后的进气总管上。（　　）

5．喷油器属于执行器的一种。（　　）

6．燃油喷射是利用喷油器在高压状况下将汽油以雾状喷入进气总管、进气道或气

缸内，然后与空气形成可燃混合气。 (　　)

7. 空气流量的直接测量方式又称为流量测量方式。 (　　)

8. 空气流量的体积流量测量方式精确度较高，不需要进行大气压力和温度修正。 (　　)

9. 空气流量的质量流量测量方式测量精度高，反应速度快，不需要进行大气压力和温度修正。 (　　)

10. 空气流量的间接测量方式是通过对其他参数的测量值进行处理和计算而获得空气流量的值。 (　　)

11. 用电磁阀取代气门后消耗电量增大明显。 (　　)

12. 目前，汽车发动机的主要燃料仍然是汽油和柴油。 (　　)

13. 现在汽油发动机的负荷控制都是利用节气门控制进气量来实现的。 (　　)

14. 现在汽车上采用的发电机都是水冷式发电机。 (　　)

15. 发动机的工作温度是影响发动机性能的一个重要因素。 (　　)

四、名词解释

1. 同步喷射

2. 缸内喷射

五、简答题

1. 简述电控发动机的基本工作原理。

2．简述 D 型燃油喷射系统的特点。

3．简述机械式燃油喷射系统的特点。

4．未来的电控发动机应具备哪些特点？

六、看图填空

根据下图，填写电子控制式燃油喷射系统各部件的名称。

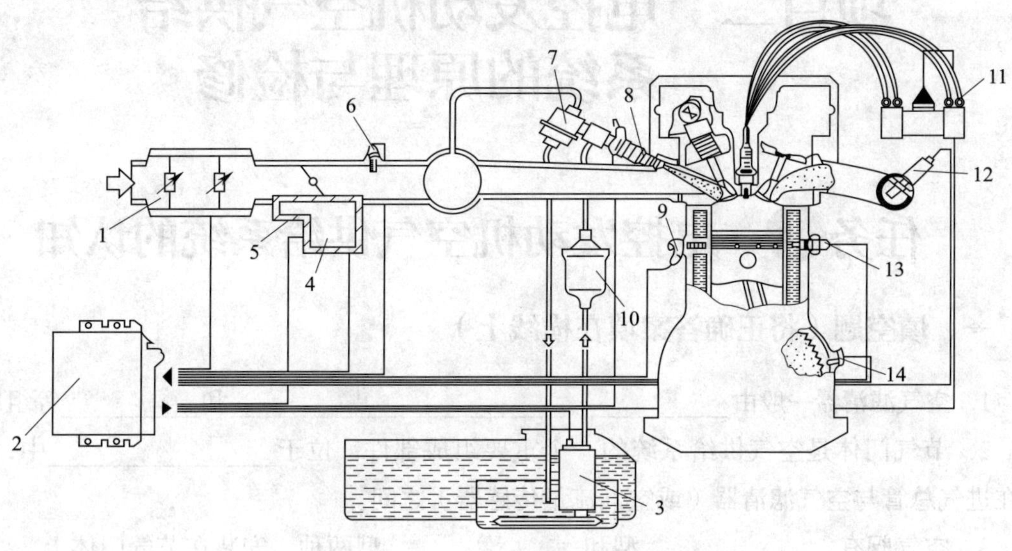

1：______________________

2：______________________

3：______________________

4：______________________

5：______________________

6：______________________

7：______________________

8：______________________

9：______________________

10：______________________

11：______________________

12：______________________

13：______________________

14：______________________

项目二　电控发动机空气供给系统的原理与检修

任务1　电控发动机空气供给系统的认知

一、填空题（将正确答案填在横线上）

1. 空气滤清器一般由__________、______________________________和____________等组成。

2. 节气门体是空气供给系统的一个重要组成部件，位于____________________中，安装在进气总管与空气滤清器（或空气流量传感器）之间。

3. 空气阀有________________型和________________型两种，安装在节气门体上。

4. 节气门体主要由壳体、节气门、____、节气门位置传感器、怠速直流电动机及怠速节气门位置传感器等组成。

5. 汽油机 EFI 一般有__________和__________等类型。

6. 空气供给系统一般由_________________________、_________________________、节气门体以及进气管等组成。

二、选择题（将正确答案的序号填在括号内）

1. 一般汽车的空气滤清器每行驶（　　）km 左右清洗一次，每行驶 15 000 km 左右要更换一次。

A．3 000　　B．4 000　　C．5 000　　D．6 000

2. 石蜡型空气阀利用石蜡在固态时体积（　　）、液态时体积（　　）的特点，通过冷却液温度进行控制。

A．小，小　　B．小，大　　C．大，大　　D．大，小

3. 汽车电子燃油喷射的英文缩写是（　　），又称为电控燃油喷射或电控汽油喷射。

A．EFI　　B．ABS　　C．ASR　　D．ASC

三、判断题（正确的打“√”，错误的打“×”）

1. 空气供给系统为发动机提供清洁的空气，并控制发动机正常工作时的进气量。（　　）

2．常见的空气滤清器滤芯有纸质滤芯和织物滤芯两种类型。（　　）

3．纸质滤芯的空气滤清器具有质量小、成本低等优点，在汽车上的应用最为广泛。（　　）

4．节气门体是控制电控发动机进气量的一种装置，是影响发动机怠速性能及动力性能的重要部件。（　　）

5．使用电子节气门体，可使加速灵敏，实现牵引力、巡航、自动变速器换挡防冲击等控制。（　　）

四、名词解释

1．怠速控制阀

2．节气门缓冲器

五、简答题

1．简述空气滤清器的作用。

2．简述节气门体的工作过程。

3．简述空气阀的作用。

4．简述空气供给系统漏气的检查方法。

六、看图填空

根据下图，填写空气供给系统各部件的名称。

1：______________________

2：______________________

3：______________________

4：______________________

5：______________________

6：______________________

7：______________________

8：______________________

任务❷　空气流量传感器的检修

一、填空题（将正确答案填在横线上）

1．电控发动机都安装有传感器，主要有______________传感器、进气歧管绝对压力传感器、冷却液温度传感器、进气温度传感器、______________传感器等。

2．当传感器发生故障时，发动机各系统也会随之发生异常，并导致发动机负荷的不协调，最终导致发动机______________或______________。

3．空气流量传感器用于检测发动机的___________。

4．空气流量传感器发生故障时，一般会引起___________和___________失常。

5．空气流量传感器一般安装在______________与______________之间。

6. 空气流量传感器将进入发动机的空气量转变为＿＿＿＿＿＿＿＿输入发动机控制单元。

7. 空气流量传感器按结构形式不同可以分为翼片式、＿＿＿＿＿＿＿＿式、＿＿＿＿＿＿＿＿式和＿＿＿＿＿＿＿＿式等。

8. 翼片式空气流量传感器主要由翼片、＿＿＿＿＿＿和接线插头三部分组成。

9. 翼片式空气流量传感器的翼片由测量翼片和缓冲翼片组成，且铸成一体，翼片转轴装在壳体上，转轴一端装有＿＿＿＿＿＿＿＿。

10. ＿＿＿＿＿＿＿＿式空气流量传感器通常与空气滤清器外壳安装成一体。

11. 翼片式空气流量传感器进气道的旁边还有一个旁通空气道，在旁通空气道上设置有一个调节螺钉，用这个调节螺钉可以调节怠速时旁通空气量的大小，从而调整怠速混合气的浓度，旋出螺钉，旁通空气量变＿＿＿，经翼片计量的空气量变＿＿＿，喷油量也随之＿＿＿＿，使怠速混合气变稀。

12. 测量单位时间内涡流数量的方式有＿＿＿＿＿＿检测式和＿＿＿＿＿＿检测式两种。

13. 如果在空气通道中放置一发热体，空气流经发热体时带走其热量，使发热体变冷，发热体周围通过的空气流量越多，被带走的热量也越多，＿＿＿＿式空气流量传感器就是根据这个原理制成的。

14. 热膜式空气流量传感器能测量发动机的空气流量，并将其转换成＿＿＿V 的电压信号送入发动机控制单元。

二、选择题（将正确答案的序号填在括号内）

1. 空气流量传感器向发动机控制单元输入相关信号，供发动机控制单元计算（　　）和点火正时。

A. 压力　　B. 进气量　　C. 耗油量　　D. 喷油量

2. 翼片式空气流量传感器除主要组成部分外，还包括怠速调节螺钉及（　　）传感器等。

A. 进气温度　　B. 进气湿度

C. 进气压力　　D. 燃油压力

3. 翼片式空气流量传感器工作过程中，当回位弹簧的弹力与吸入空气气流对测量翼片的推力平衡时，翼片即处于（　　）位置。

A. 不稳定　　B. 稳定　　C. 最大开度　　D. 最小开度

4. 翼片式空气流量传感器的（　　）在空气流量传感器壳体上方，内有平衡配重、回位弹簧、调整齿圈和印刷电路板等。

A. 湿度计　　B. 温度计　　C. 电位计　　D. 翼片

5. 热线式空气流量传感器的热线支撑环前端的塑料护套内安装一个白金薄膜电阻

器，其电阻值随进气温度变化而变化，称为（　　）电阻，是惠斯顿电桥电路的另一个臂。

A．湿度补偿　　B．温度补偿

C．进气补偿　　D．喷油补偿

6．热线式空气流量传感器的热线因长时间暴露在空气中，会造成空气中的杂质依附在热线上，需增加（　　）功能。

A．保护　　B．加热　　C．自洁　　D．自洗

7．热线式空气流量传感器的控制线路板包括电桥平衡电路和（　　）混合气调节电位器。

A．怠速　　B．加速　　C．减速　　D．匀速

三、判断题（正确的打"√"，错误的打"×"）

1．空气量信号是用来检测发动机进气湿度的信号，将进入发动机的空气湿度转变为电压信号输入发动机控制单元。（　　）

2．翼片式空气流量传感器进气道的旁边还有一个旁通空气道，经旁通空气道进入发动机的气流不对翼片产生推力，即不经计算就进入发动机。（　　）

3．翼片式空气流量传感器的测量翼片随进气量的变化在空气主通道内发生偏转，缓冲翼片在缓冲室内与其同步偏转，缓冲室对翼片起阻尼作用。（　　）

4．空气流量传感器信号是发动机控制单元控制喷油量的辅助信号，即使空气流量传感器出现问题，喷油量也可以被准确地控制。（　　）

5．翼片式空气流量传感器有4线、5线、6线和7线四种。（　　）

6．根据白金热线在壳体内安装部位的不同，热线式空气流量传感器分为直接测量式和间接测量式两种。（　　）

四、简答题

1．简述翼片式空气流量传感器损坏可能造成的影响。

2．简述卡门涡流式空气流量传感器的结构及工作原理。

3．翼片式空气流量传感器的常见故障有哪些？如何进行检测？

五、看图填空

根据下图，填写热线式空气流量传感器各部件的名称。

1：________________

2：________________

3：________________

4：________________

5：________________

6：________________

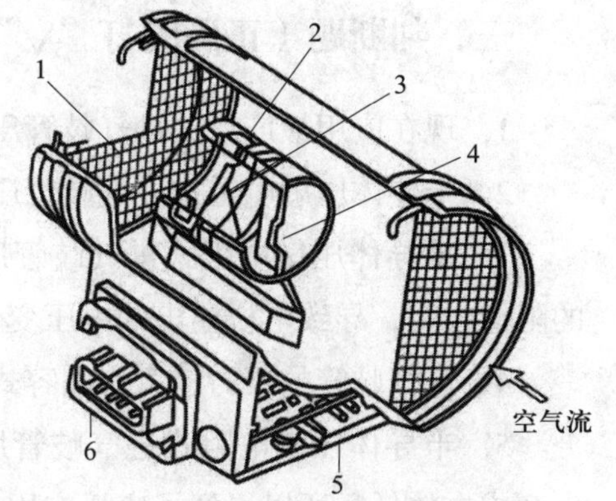

任务3 进气歧管压力传感器的检修

一、填空题（将正确答案填在横线上）

1．电控燃油喷射系统中有两种测量进入气缸空气量的方法：一种方法是用空气流量传感器直接测量进气的体积流量或质量流量；另一种方法是用________测量进气歧管的________，然后由发动机控制单元换算出相应的空气流量。

2．进气歧管压力传感器一般安装在节气门后部的________。

3．半导体压敏电阻式进气歧管压力传感器由____________和把信号进行放大的混合集成电路组成。

4．当进气歧管压力传感器出现故障后会出现________、________、冒黑烟以及耗油量大等症状。

5．电容式进气歧管压力传感器发出的是______信号。

二、选择题（将正确答案的序号填在括号内）

1．进气歧管压力传感器是一种（　　）检测空气流量的传感器。

A．精确　　B．快速　　C．间接　　D．直接

2．节气门前部与大气相通，进气压力为（　　），而其后部的气压为负压。

A．稳压　　B．大气压　　C．高压　　D．低压

3．半导体压敏电阻式进气歧管压力传感器是利用半导体的（　　）效应原理。

A．导电　　B．绝缘　　C．温度　　D．压阻

4．半导体压敏电阻式进气歧管压力传感器使用硅膜片，把硅膜片的一面抽成（　　），另一面导入进气歧管的气体压力，硅膜片受到的压力不同产生的电阻就不同。

A．气体压力　　B．稳压　　C．真空　　D．大气压

三、判断题（正确的打“√”，错误的打“×”）

1．现在应用最广泛的进气歧管压力传感器是可变电感式。（　　）

2．半导体压敏电阻式进气歧管压力传感器发出的是频率信号。（　　）

3．半导体压敏电阻式进气歧管压力传感器硅膜片的变形，使扩散在硅膜片上电阻的阻值改变，导致电桥输出的电压变化。（　　）

4．进气歧管的压力越大，电容式进气歧管压力传感器的信号频率越低。（　　）

5．半导体压敏电阻式进气歧管压力传感器尺寸小、精度高、响应性好，又由于其生产成本较低，所以得到了广泛应用。（　　）

四、简答题

1．简述进气歧管压力传感器的作用和类型。

2．简述电容式进气歧管压力传感器的结构及工作原理。

任务4 节气门位置传感器的检修

一、填空题（将正确答案填在横线上）

1．节气门位置传感器安装在________________的一端。

2．当驾驶员踩加速踏板时，节气门位置传感器将____________________转换成电信号输送到发动机控制单元。

3．节气门位置传感器用节气门转角变化率的大小作为________、________过程中修正喷油量的条件。

4．节气门位置传感器按结构可分为________________式、________________式、________________式和霍尔式四种。

5．触点开关式节气门位置传感器的一般检测方法是拆下传感器插头，使用万用表测量信号输出端子的________________和________________。

6．复合式节气门位置传感器是在滑线电阻式节气门位置传感器的基础上，加装了一个________________。

二、选择题（将正确答案的序号填在括号内）

1．霍尔式节气门位置传感器不仅能精确地检测节气门的开度，还采用了（　　）方式，简化了结构，所以不易发生故障。

A．无接触　　B．接触　　C．摩擦　　D．连接

2．霍尔式节气门位置传感器由霍尔集成芯片和可绕其转动的（　　）构成。

A．转轴　　B．螺钉　　C．铁芯　　D．磁铁

3．发动机控制单元利用（　　）传感器的信号来控制全电子节气门的开度。

A．制动踏板位置　　B．加速踏板位置

C．节气门位置　　D．进气压力

4．加速踏板位置传感器有两种，分别为滑线电阻式和（　　）。

A．电压信号式　　B．虚拟信号式　　C．压电阻式　　D．霍尔式

5．滑线电阻式加速踏板位置传感器能在加速踏板踩下的全程范围内成（　　）关系地输出电压。

A．非线性　　B．线性　　C．频率　　D．重复

6．发动机控制单元通过霍尔式加速踏板位置传感器的两个电位器信号，不但可获知加速踏板的开度，还能对传感器进行故障检测，一旦发现两信号电压的差值（或两电压之和）与标准不符，即判定传感器（　　）。

A．有故障　　B．无故障　　C．失效　　D．正常

7．丰田卡罗拉 8ZR-FXE 发动机采用了霍尔式节气门位置传感器，其中有 2 个信号电路 VTA1 和 VTA2，VTA1 用于检测（　　）。

A．进气信号　　B．VTA1 故障

C．节气门开度　　D．VTA2 故障

三、判断题（正确的打“√”，错误的打“×”）

1．滑线电阻式加速踏板位置传感器的结构及工作原理与滑线电阻式节气门位置传感器完全不同。（　　）

2．现在汽车发动机大部分都采用了半电动节气门。（　　）

3．霍尔式加速踏板位置传感器通常有 4 个接线端子。（　　）

4．采用电子电位器的加速踏板位置传感器称为霍尔式加速踏板位置传感器。（　　）

5．为了确保加速踏板位置传感器工作的可靠性，传感器往往有两个相同特性的输

出信号。 （ ）

6. 滑线电阻式节气门位置传感器实际上是具有线性输出特性的转角电位计。

（ ）

四、简答题

1. 简述霍尔式节气门位置传感器的结构及工作原理。

2. 简述检查节气门位置传感器的两种方法。

五、看图填空

根据下图，填写霍尔式加速踏板位置传感器各部件的名称。

1：______________________

2：______________________

3：______________________

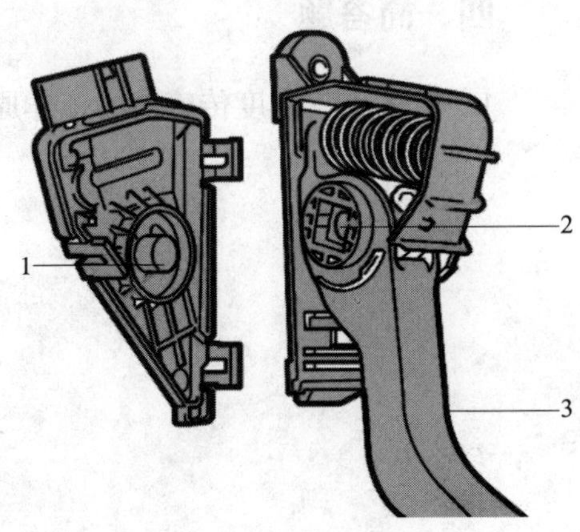

任务5 进气温度传感器的检修

一、填空题（将正确答案填在横线上）

1．进气温度传感器一般都采用＿＿＿＿＿＿系数热敏电阻。

2．一般可以用万用表直接测量进气温度传感器的＿＿＿＿随温度变化的情况。

3．进气温度传感器一般安装在发动机＿＿＿＿＿＿上，或与空气流量传感器制为一体，用于测量发动机的进气温度。

二、选择题（将正确答案的序号填在括号内）

1．用电吹风向进气温度传感器吹热风，传感器的电阻值应随着温度的升高呈（　　）趋势。

A．下降　　B．上升　　C．稳定　　D．变化

2．当进气温度较低时，应适当（　　）喷油量，以确保发动机稳定运转。

A．调整　　B．控制　　C．增大　　D．减少

3．进气温度传感器出现故障时，失效保护模式的假定温度为（　　）℃左右。

A．10　　B．20　　C．30　　D．40

三、判断题（正确的打“√”，错误的打“×”）

1．各种汽车上所用的冷却液温度传感器与进气温度传感器的结构及工作原理都大同小异。（　　）

2．进气温度传感器的检测方法与冷却液温度传感器的检测方法完全不一样。（　　）

3．进气温度信号转变成电信号输送给发动机控制单元，作为汽油喷射、点火正时的修正信号。（　　）

四、简答题

1．简述进气温度传感器的工作原理。

2. 简述进气温度传感器的检查方法。

任务6 怠速控制系统的检修

一、填空题（将正确答案填在横线上）

1. 所谓怠速控制，实际上是对__________________的控制。

2. 对于采用速度密度测量方式来测定空气流量的机型，怠速空气量的影响已包括在进气歧管压力传感器的信息之中，所以无需再对__________做出修正。

3. 对电控汽油喷射系统来说，目前的怠速控制方式可分为两种，一种是控制节气门旁通管路中的旁通空气量，称为_______________式；另一种是没有怠速空气旁通道，直接控制节气门全关时的最小开度，称为_______________式。

4. 旁通空气式怠速控制执行机构的种类较多，一般可按结构分为_________式、石蜡式、平动电磁阀式、_______________式和_______________式五种。

5. 旁通空气式怠速控制系统主要由_________、_________和_________三部分组成。

6. ECU 控制旋转电磁阀式怠速控制阀工作时，怠速控制阀的开度是通过控制两个线圈的___________________（占空比）来实现的。

7. 节气门直动式怠速控制系统取消了旁通空气道，通过控制节气门的_____________，调节空气通道的截面来控制进气量，实现对怠速的控制。

8. 丰田公司电子节气门体主要由_______________、节气门控制电动机、减速齿轮、节气门位置传感器、_______________等部件构成。

二、选择题（将正确答案的序号填在括号内）

1. 起动、暖机时，冷却液温度较（　　），发动机内部摩擦力较（　　），低怠速下容易造成运转不稳，且长时间低温运行会增大发动机的磨损。

A．低，大　　B．低，小　　C．高，大　　D．高，小

2．通用公司和丰田公司使用的怠速控制用步进电动机分别为（　　）线的。

A．4、4　　B．4、6　　C．6、4　　D．6、6

3．通用公司怠速控制用步进电动机阀轴伸出的最大长度不能超过（　　）mm。

A．20　　B．25　　C．28　　D．30

4．为了改善发动机的起动性能，关闭点火开关使发动机熄火后，ECU 的 M-REL 端子向主继电器线圈供电延续（　　）s。

A．1 ~ 2　　B．2 ~ 3　　C．3 ~ 4　　D．4 ~ 5

5．旋转电磁阀式怠速控制阀从全闭位置到全开位置的旋转角度限定在（　　）以内，ECU 控制的占空比调整范围为 8% ~ 82%。

A．45°　　B．60°　　C．75°　　D．90°

三、判断题（正确的打“√”，错误的打“×”）

1．发动机怠速的高低，对油耗无严重的影响，但对发动机的排放污染、暖机时间和使用寿命等都有一定程度的影响。（　　）

2．在大多数情况下，怠速空气取自空气流量传感器的前方。（　　）

3．步进电动机式怠速控制阀安装在节气门体上，阀伸入设在怠速空气道内的阀座处。（　　）

4．当节气门体变脏后，发动机在怠速时，IAC 阀的开度会增大。（　　）

5．通电周期一般是固定的，所以占空比增大，即延长通电时间。（　　）

四、名词解释

1．发动机怠速

2．正常怠速或低怠速

3．占空比

五、简答题

1. 简述节气门直动式怠速控制系统的机械检查方法。

2. 简述电子节气门怠速控制系统的优点。

六、看图填空

根据下图，填写旋转电磁阀式怠速控制阀各部件的名称。

1：________________

2：________________

3：________________

4：________________

5：________________

6：________________

7：________________

8：________________

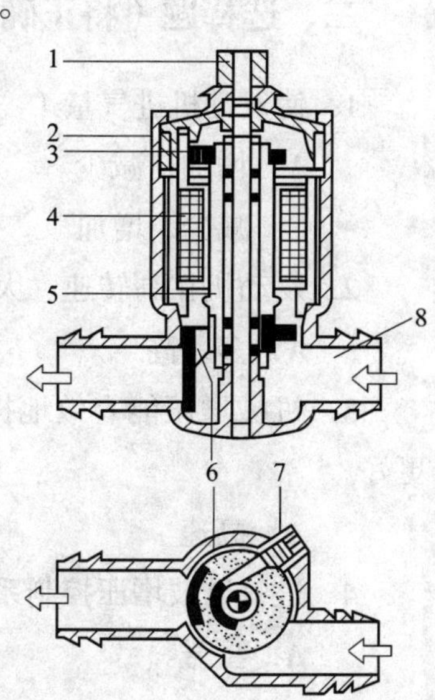

任务7　增压控制系统的检修

一、填空题（将正确答案填在横线上）

1. 发动机增压控制系统就是将空气预先________后供入气缸，以提高空气密度，增加进气量。

2. 应用点火提前角自适应控制，可以克服由于增压而增加的________倾向。

3. 增压压力与涡轮增压器的转速有关，而增压器转速又取决于____________。

4. 发动机增压类型有________增压、________增压、________增压和复合增压。

5. 机械增压器由发动机曲轴经齿轮增速器驱动，或由____________________________经齿形传动带及电磁离合器驱动。

6. 气波增压器中有一个特殊形状的转子，由____________________________经传动带驱动。

7. 涡轮增压器由____________和____________构成。

8. 可变进气系统主要包括______________________系统和______________________系统两大类。

9. 可变进气管长度系统有____________________系统和进气谐波增压控制系统两种类型。

10. 进气谐波增压控制系统一般由____________、VSV 真空电磁阀、____________等组成。

11. 可变气门正时系统通过改变进、排气门的________________或升程等方式来提高发动机的动力性和经济性。

二、选择题（将正确答案的序号填在括号内）

1. 使发动机进气量（　　），可（　　）循环供油量，从而提高发动机的功率。

　A. 增加，减少　　B. 增加，增加

　C. 减少，增加　　D. 减少，减少

2. 发动机在高转速、大负荷工作时，废气能量（　　），增压压力（　　）。

　A. 多，高　　B. 多，低　　C. 少，高　　D. 少，低

3. 机械增压能有效地提高发动机的功率，与涡轮增压相比，其（　　）增压效果更好。

　A. 高速　　B. 中速　　C. 低速　　D. 均速

4. 进气谐波增压控制系统是否工作，主要是由发动机（　　）决定的。

　A. 型号　　B. 功率　　C. 温度　　D. 转速

5. 可变气门正时系统主要分为（ ）、CVVT、VVT-i、i-VTEC 四种。

A. CCT B. VVT C. TCC D. TVV

三、判断题（正确的打“√”，错误的打“×”）

1. 不仅在汽油机增压控制系统中设置中冷器，在高增压柴油机增压控制系统中也设有中冷器。（ ）

2. 发动机在低转速、小负荷时，废气能量多，增压压力高。（ ）

3. 机械增压器与发动机容易匹配，结构也比较紧凑。（ ）

4. 气波增压器多用于汽油机上。（ ）

5. 对于进气谐波增压控制系统而言，进气管长度长时，压力波波长长，可使发动机中低转速区功率增大；进气管长度短时，压力波波长短，可使发动机高转速区功率增大。（ ）

四、名词解释

废气涡轮增压系统

五、简答题

1. 简述汽油机增压比柴油机增压困难的原因。

2. 为什么要对增压后的空气进行中间冷却？

3. 简述涡轮增压发动机的优缺点。

4. 简述废气涡轮增压系统的工作原理。

六、看图填空

根据下图，填写进气谐波增压控制系统各部件的名称。

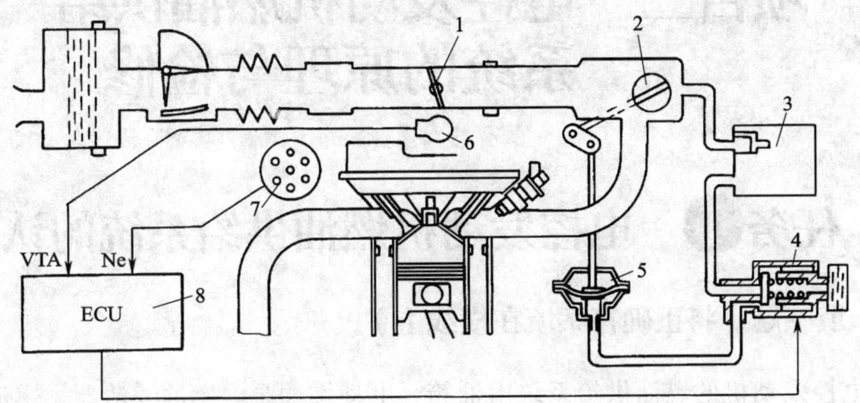

1：________________

2：________________

3：________________

4：________________

5：________________

6：________________

7：________________

8：________________

项目三　电控发动机燃油供给系统的原理与检修

任务❶　电控发动机燃油供给系统的认知

一、填空题（将正确答案填在横线上）

1．电控发动机的燃油供给系统由油箱、电动燃油泵、燃油滤清器、燃油分配管、__________、燃油压力调节器及回油管等组成。

2．燃油供给系统的主要作用是向__________提供燃烧所需要的燃油，燃油从油箱被电动燃油泵加压后，经燃油滤清器过滤燃油中的杂质，供给__________。

3．燃油供给系统利用____________________来吸收管路中的油压波动，从而提高喷油的控制精度。

4．在油箱的顶部一般可以见到三根管路：________管、________管、通气管（通向活性炭罐）。

5．容积泵靠泵腔容积的变化来吸油和压油，因此是__________的输油，有较大的油压波动和振动噪声，但工作压力__________。

6．内置式电动燃油泵安装在油箱中，具有__________、不易产生气阻、不易泄漏、安装管路较简单等优点，应用更为广泛。

7．电动燃油泵的具体结构虽然多种多样，但都是由__________、__________、端盖和外壳等部分组成，外壳卷边将其他各部分铆紧成一体。

8．涡轮式电动燃油泵主要由燃油泵电动机、__________、单向阀、卸压阀等组成。

9．滚柱式电动燃油泵主要由燃油泵电动机、____________________、出油阀、卸压阀等组成。

10．燃油滤清器的作用是将燃油中的__________、__________等固体杂质除去，防止供油装置堵塞、减少机械磨损。

11．油压脉动阻尼器一般有两个安装位置：一是在_____________上安装；二是在电动燃油泵上安装。

12．燃油导轨也称为_________________，安装在_____________上。

13．燃油导轨与喷油器之间用O形圈和喷油器固定夹子密封，O形圈可防止燃油渗漏，并具有________和________的作用。

14．燃油压力调节器工作不良会造成系统油压________、________、________或残压降低。

15．喷油器燃油喷射量的大小可通过 ECU 控制给电磁线圈的________来控制。

二、选择题（将正确答案的序号填在括号内）

1．在燃油供给系统中利用燃油压力调节器将多余的燃油送回油箱，使燃油的压力保持在（　　）kPa 范围内。

A．150 ~ 200　　B．200 ~ 250　　C．250 ~ 300　　D．300 ~ 350

2．滚柱泵的工作压力约为（　　）kPa，齿轮泵的工作压力可达（　　）kPa，叶片泵的工作压力还可更高。

A．150，200　　B．200，250　　C．200，300　　D．200，400

3．侧槽泵的工作压力约为（　　）kPa，离心泵和涡轮泵的工作压力约为（　　）kPa。

A．100，200　　B．100，300　　C．200，200　　D．200，300

4．外置式电动燃油泵的优点是容易布置，安装自由度（　　），但噪声（　　），且易产生气阻，所以只有少数车型上采用。

A．大，大　　B．小，小　　C．大，小　　D．小，大

5．电动燃油泵绕组和电刷的电阻值为（　　）Ω。

A．0.2 ~ 1　　B．0.2 ~ 2　　C．0.2 ~ 3　　D．0.2 ~ 4

6．燃油压力调节器的作用是调节喷油器的燃油压力，使系统油压（燃油分配管内油压）与进气歧管压力差保持常数，约为（　　）kPa。

A．150　　B．200　　C．250　　D．300

7．无回油系统的油压在（　　）kPa 左右。

A．150　　B．200　　C．250　　D．300

三、判断题（正确的打“√”，错误的打“×”）

1．不同类型的电控汽油机，其燃油供给系统的组成部件相同。（　　）

2．发动机控制单元根据各传感器的输入信号控制喷油器的开启。（　　）

3．油箱是储存燃油的设备。（　　）

4．汽油箱的安装位置随车型而定，一般多位于车架的两侧或车身的后部。（　　）

5．滚柱泵、齿轮泵和叶片泵都属于流体动力泵。（　　）

6．流体动力泵的工作压力波动小，但工作压力较高。（　　）

7．内置式电动燃油泵多采用涡轮泵和侧槽泵，外置式电动燃油泵则多为滚柱泵和

齿轮泵。 （ ）

8．滚柱式电动燃油泵一般都安装在油箱外面，即属外置式。 （ ）

9．电动燃油泵为可拆式，工作电压多为 12 V。 （ ）

10．打开点火开关，电动燃油泵应运转 2 ~ 3 s，并且无异响。熄火后，燃油分配管内的油压应保持 5 min 不降低为好。 （ ）

11．燃油滤清器内部经常受到 20 ~ 300 kPa 的燃油压力，因此耐压强度要求在 400 kPa 以上。 （ ）

12．油压脉动阻尼器的常用工作压力范围可达 300 kPa 左右。 （ ）

13．燃油导轨的作用是安装喷油器并将高压燃油均匀、等压地输送给各个喷油器。 （ ）

14．燃油压力调节器是可调节器件，它的主要故障是弹簧疲劳后张力变小或膜片破裂。 （ ）

15．冷起动喷油器只在发动机高温起动时才投入工作，它也是一种电磁式喷油器。 （ ）

16．无回油系统可避免传统的供油管回油时受发动机温度影响而使油箱内部温度升高，从而减少燃油蒸气的排量。 （ ）

四、名词解释

1．电动燃油泵

2．无回油系统

五、简答题

1．如何清洗油箱？

2．简述电动燃油泵的分类。

3．简述涡轮式电动燃油泵的优点。

4．简述拆装电动燃油泵的注意事项。

5．简述汽油泵损坏的故障现象。

6．简述拆卸燃油滤清器的注意事项。

7．简述油压脉动阻尼器的工作原理。

8．简述燃油压力调节器的工作原理。

9．简述喷油器的分类。

10．简述安装喷油器的注意事项。

六、看图填空

1．根据下图，填写汽油箱各部件的名称。

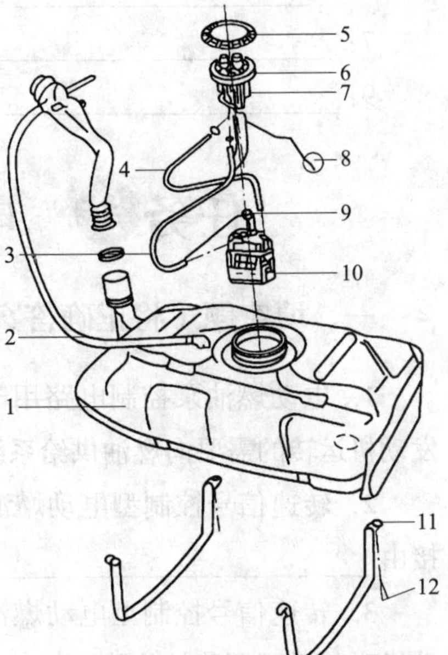

1：______________________

2：______________________

3：______________________

4：______________________

5：______________________

6：______________________

7：______________________

8：______________________

9：______________________

10：______________________

11：______________________

12：______________________

2．根据下图，填写喷油器各部件的名称。

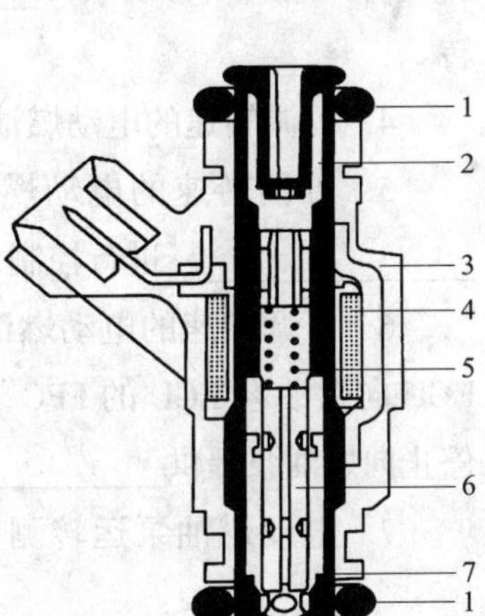

1：______________________

2：______________________

3：______________________

4：______________________

5：______________________

6：______________________

7：______________________

3．根据下图，填写冷起动喷油器各部件的名称。

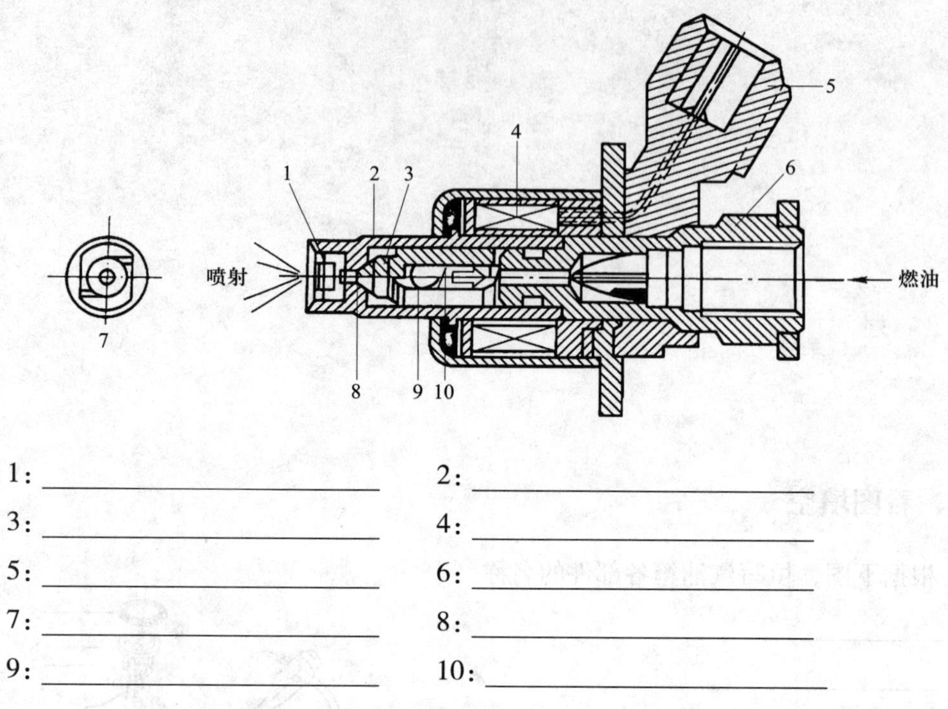

1：________________ 2：________________

3：________________ 4：________________

5：________________ 6：________________

7：________________ 8：________________

9：________________ 10：________________

任务2 电动燃油泵控制电路的检修

一、填空题（将正确答案填在横线上）

1．电动燃油泵控制电路用于向电动燃油泵提供________________，使其能够根据发动机运转的需要向燃油供给系统输送一定流量和一定压力的________。

2．转速信号控制型电动燃油泵控制电路的断路继电器中有两组线圈，一组线圈直接由____________________________控制，另一组线圈由________控制。

3．转速信号控制型电动燃油泵控制电路中，将点火开关转至ON位置但不起动发动机时，只要用跨接线将________端子和________端子短接，电动燃油泵就可以单独运转。

4．可调转速的电动燃油泵控制电路具有________________功能。

5．可调转速的电动燃油泵控制电路中专设了一个燃油泵ECU，用于对燃油泵________________进行控制。

6．可调转速的电动燃油泵控制电路中，当发动机的转速低于最低转速时，发动机ECU向燃油泵ECU的FPC端子输入一个____________________________，燃油泵ECU停止向燃油泵提供________________，使燃油泵停止工作。

7．电动燃油泵运转测试方法有____法和____法两种。

二、判断题（正确的打“√”，错误的打“×”）

1．为了便于进行故障诊断及其他维修操作，丰田车系发动机舱内设有诊断座，诊断座内设有“+B”端子和“F_P”端子。（　　）

2．发动机负荷不同，所需的供油量也有所不同。（　　）

三、简答题

1．简述转速信号控制型电动燃油泵控制电路的特点。

2．简述桑塔纳 2000 GSi 电动燃油泵的控制特点。

任务3　喷油控制电路的检修

一、填空题（将正确答案填在横线上）

1．电控燃油喷射系统喷油量的控制是对________、________、燃油停供进行控制。

2．单点喷射系统的中央喷油器每一次喷油并不是专对一个气缸的，只是在工况稳定时，____________与____________相等。

3．多点喷射系统必须控制________。

4．同步喷油有三种喷油时序，用得较多的是________时序和________时序。

5．EFI 系统通过控制喷油器电磁阀的____________（喷油触发脉冲宽度）来控制喷油量。

6．喷油量（喷油脉宽）控制类型有__________喷油量控制和__________喷油量控制。

7．所谓同步喷射方式，即燃油的喷射与____________同步，ECU 根据曲轴的__________控制开始喷射的时刻。

8．所谓异步喷射方式，即 ECU 只是根据相关传感器输入的信号，控制开始喷油时刻，而与曲轴的__________无关。

9．发动机起动后，异步喷射控制汽车的__________。

10．ECU 根据____________的变化，对异步喷射及喷油量进行控制。

11．发动机起动时会根据蓄电池电压对喷油持续时间进行__________，是因为喷油器的实际喷油时刻比 ECU 发出喷油指令的时刻晚，即存在一段滞后时间。

12．在 L 型电控燃油喷射系统中，基本喷油时间是实现____________的喷射时间。

13．断油控制包括发动机________断油控制、________断油控制、清除溢流断油控制和________断油控制等。

14．当汽车在高速行驶中突然松开加速踏板减速时，发动机将在汽车________的作用下高速旋转。

15．发动机起动时，喷油系统将向发动机供给很浓的混合气。如果多次起动未能成功，那么淤积在气缸内的浓混合气就会浸湿火花塞，造成________现象。

16．在配装电控自动变速器的汽车上，当行驶中变速器自动升挡时，变速器 ECU 会向发动机 ECU 发出一个________信号。

二、选择题（将正确答案的序号填在括号内）

1．在一定时间间隔（如 10 ~ 20 ms）内，节气门开度变化量（　　），吸入空气的增量就（　　），异步喷射的喷油量也越多。

A．越大，越大　　B．越小，越大

C．越大，越小　　D．越小，越小

2．如果曲轴位置传感器信号表明发动机转速低于（　　）r/min，且节气门位置传感器信号表明节气门处于关闭状态，则判定发动机处于起动状态并控制运行起动程序。

A．100　　B．200　　C．300　　D．400

3．发动机在运行中，当实际转速达到极限转速或超过极限转速（　　）r/min 时，ECU 就会发出停止喷油的指令，控制喷油器停止喷油。

A．60 ~ 100　　B．70 ~ 100　　C．80 ~ 100　　D．90 ~ 100

4．低阻值喷油器的电阻值一般为（　　）Ω，高阻值喷油器的电阻值一般为

13 ~ 17 Ω。

A．1 ~ 2　　B．2 ~ 3　　C．2 ~ 4　　D．3 ~ 4

三、判断题（正确的打“√”，错误的打“×”）

1．电脉冲的宽度越大，喷油持续时间越长，喷油量也越大。（　　）

2．发动机在不同工况下运转，对混合气浓度的要求也不同。（　　）

3．单点喷射系统对喷油正时没有要求。（　　）

4．多点喷射系统的每一次喷油并不是专对一个气缸的。（　　）

5．异步喷射方式是一种临时的补偿喷射。（　　）

6．发动机起动后的各工况下，ECU 在确定基本喷油时间的同时，还必须根据各种传感器输送来的发动机运行工况信息对基本喷油时间进行修正。（　　）

7．起动发动机时，要踩下加速踏板，再接通点火开关。（　　）

四、名词解释

1．同步喷油

2．断油控制

3．清除溢流断油控制

五、简答题

1．为什么多点喷射系统必须控制喷油时序？

2．简述发动机起动时喷油量的控制过程。

3．发动机起动后，ECU 会对基本喷油时间进行哪些修正？

4．喷油器的离车清洗方法有哪些优缺点？

5．喷油器的就车清洗方法有哪些优缺点？

六、看图填空

同步喷油有三种喷油时序，根据示意图将喷油时序类型填在表中。

示意图	喷油时序类型

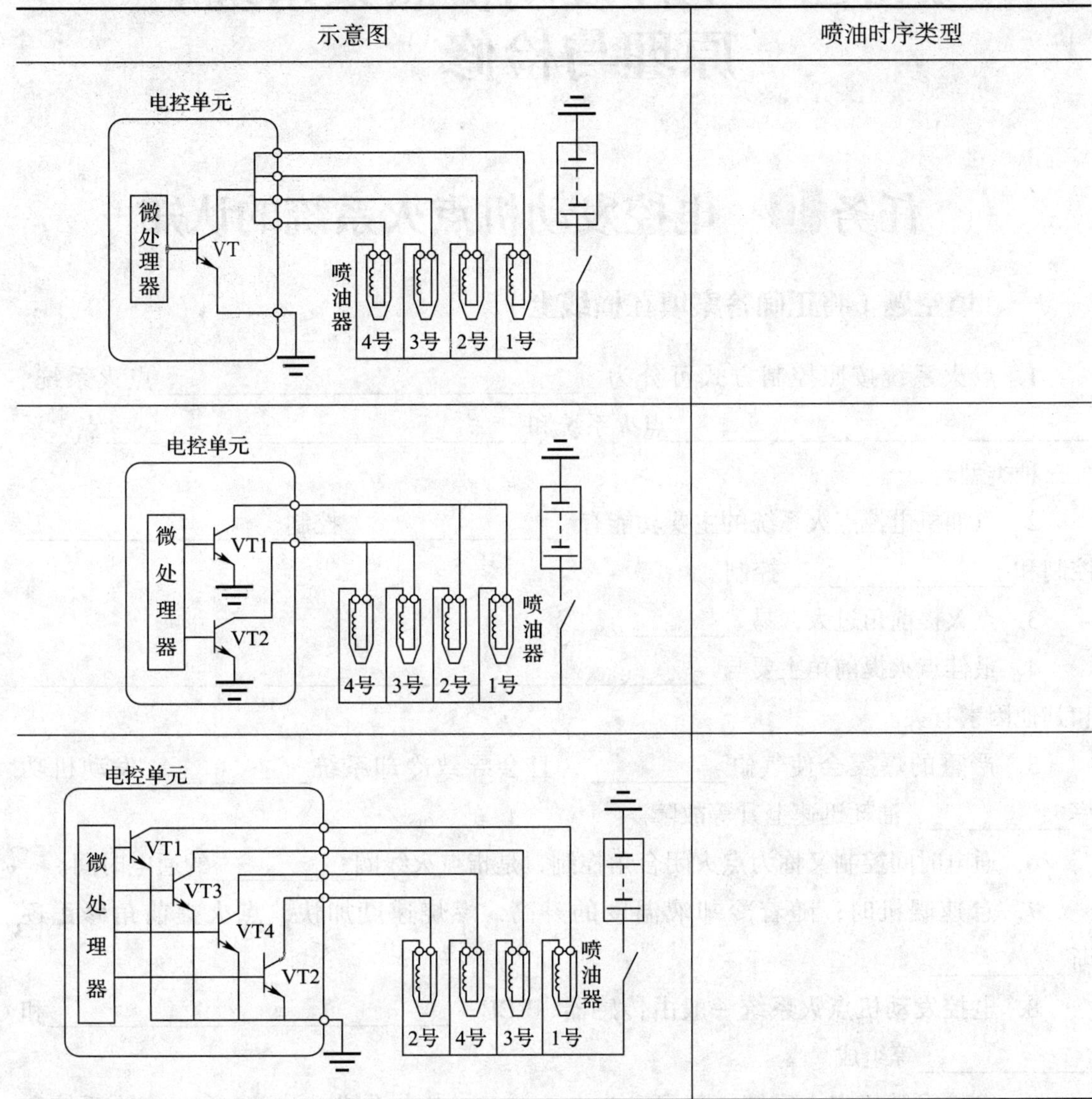

项目四　电控发动机点火系统的原理与检修

任务❶　电控发动机点火系统的认知

一、填空题（将正确答案填在横线上）

1. 点火系统按照控制方式可分为________________点火系统、________________点火系统和________________点火系统三种类型。

2. 汽油机电控点火系统的主要功能有__________控制、__________控制和__________控制。

3. 点火提前角过大，易__________。

4. 最佳点火提前角主要与__________、__________、__________和其他因素有关。

5. 严重的爆震会使气缸__________，且会导致冷却系统__________、发动机功率__________、油耗迅速上升等故障。

6. 通电时间控制又称为点火闭合角控制，是指点火线圈__________的通电时间。

7. 怠速暖机时，随着冷却液温度的升高，燃烧速度加快，点火提前角修正逐渐__________。

8. 电控发动机点火系统一般由传感器、ECU、__________、__________和__________等组成。

9. 电控发动机点火系统一般可分为__________点火系统、__________点火系统和二极管配电方式点火系统等。

10. 电控发动机独立点火系统的点火方式是每一个气缸分配一个点火线圈，点火线圈安装在火花塞上，取消了__________。

二、选择题（将正确答案的序号填在括号内）

1. 点火提前角过小，排气温度（　　），功率（　　）。

A. 升高，升高　　B. 升高，降低

C. 降低，升高　　D. 降低，降低

2. 发动机的最佳点火提前角，应使发动机气缸内的最高压力出现在上止点后（　　）范围之内。

A. 10°～15°　　B. 20°～25°
C. 30°～35°　　D. 40°～45°

3. 发动机起动时，采用（　　）点火提前角。

A. 基本　　B. 修正　　C. 初始

4. 减少爆震发生的最有效方法是（　　）点火提前角。

A. 减小　　B. 增大　　C. 保持

5. 同时点火系统又称分组点火系统，其点火线圈数量为气缸数量的（　　）。

A. 一半　　B. 两倍　　C. 四分之一　　D. 四倍

6. 由于二极管配电方式点火系统对点火线圈的要求比较高，且发动机气缸数必须是（　　）的倍数，因此在应用上受到一定限制。

A. 2　　B. 3　　C. 4　　D. 6

三、判断题（正确的打"√"，错误的打"×"）

1. 初始点火提前角又称固定点火提前角，原始设定后存入ECU程序，一般为5°～10°。（　　）

2. 基本点火提前角是ECU根据主要影响因素（转速和负荷）确定的点火提前角。（　　）

3. 汽油辛烷值越高，抗爆性越好，点火提前角可适当减小。（　　）

4. 发动机转速升高，点火提前角应增大。（　　）

5. 独立点火系统中，一个点火线圈出问题会使所有气缸的点火受影响。（　　）

6. 独立点火系统中，每个气缸都有单独的点火线圈。（　　）

7. 同时点火系统有两个气缸同时点火，其中一个气缸为压缩行程点火，另一个气缸为排气行程点火。（　　）

8. 二极管配电方式点火系统的特点是两个气缸共用一个点火线圈。（　　）

四、名词解释

1. 点火提前角

2. 爆震

五、简答题

1. 简述发动机对点火系统的要求。

2. 简述点火提前角对发动机性能的影响。

3. 简述恒流控制的基本方法。

4. 简述爆震控制原理。

5. 简述独立点火系统的优点。

6. 简述二极管配电方式点火系统的特点。

六、看图填空

1. 根据下图，填写汽车点火系统各部件的名称。

1：____________________

2：____________________

3：____________________

4：____________________

5：____________________

6：____________________

7：____________________

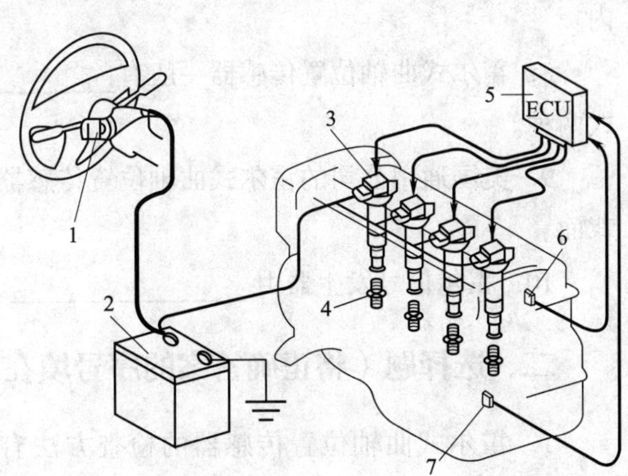

2．根据下图，填写同时点火系统各部件的名称。

1：________________

2：________________

3：________________

4：________________

5：________________

6：________________

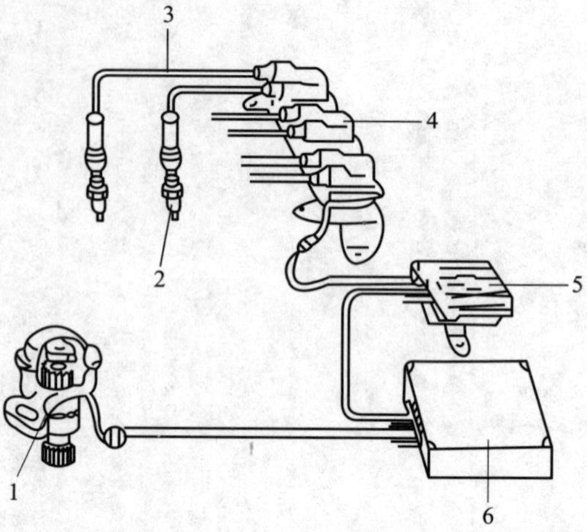

任务❷ 曲轴位置传感器的检修

一、填空题（将正确答案填在横线上）

1．曲轴位置传感器用来感知________________的位置。

2．曲轴位置传感器输出信号给发动机控制单元，作为________________、________________的基准点。

3．曲轴位置传感器根据信号形成的原理可以分为________________式、________________式和霍尔式三大类。

4．大部分车辆都使用________________式曲轴位置传感器。

5．若一个导体可以在磁铁的 N 极与 S 极之间自由运动，用电流表连接导体，形成闭合回路，当导体在磁极间运动时，电流表的指针就会__________。

6．导体运动在磁极之间，导体切割磁力线，就会产生________________。

7．丰田公司六缸电控发动机的电磁感应式曲轴位置传感器一般安装在__________内。

8．霍尔式曲轴位置传感器一般有________________式、________________式两种。

9．美国通用公司的霍尔式曲轴位置传感器安装在曲轴前端的________________背面。

10．霍尔信号发生器由________________、导磁板和霍尔集成电路等组成。

二、选择题（将正确答案的序号填在括号内）

1．霍尔式曲轴位置传感器的检查方法有一个共同点，即主要通过测量有无输出（　　）信号来判断其是否良好。

A. 频率　　B. 电脉冲　　C. 电流　　D. 电压

2. 光电式曲轴位置传感器多安装在分电器内，也有的安装在（　　）上。

A. 凸轮轴　　B. 曲轴　　C. 机滤　　D. 缸盖

3. 光电式曲轴位置传感器中发光二极管与光敏二极管（　　）安装，信号转子位于发光二极管和光敏二极管之间。

A. 单独　　B. 叠加　　C. 对称　　D. 不对称

4. 当光电式曲轴位置传感器的发光二极管发出的光束被遮住时，光敏二极管不产生电动势，信号发生器输出（　　）信号。

A. 直线　　B. 波浪形　　C. 高电平　　D. 低电平

5. 利用曲轴位置传感器的信号，发动机控制单元可以获得两个活塞在接近（　　）且其相应位置的信息。

A. 下止点　　B. 上止点　　C. 油底壳　　D. 缸盖

6. 发动机控制单元是通过曲轴位置传感器获得曲轴（或活塞）运行的位置与发动机转速信息的，所以它是控制（　　）和点火提前角的重要信号。

A. 动力　　B. 温度　　C. 喷油　　D. 点火

三、判断题（正确的打“√”，错误的打“×”）

1. 导体在磁极之间的运动方向平行于磁力线方向时，会有感应电流产生。（　　）

2. 电磁感应式曲轴位置传感器信号转子凸齿与磁头之间间隙的标准值为 0.2 ~ 0.4 mm。（　　）

3. 触发叶片霍尔式曲轴位置传感器的信号轮转动时，每当触发叶片进入永久磁铁与霍尔元件之间的空气隙中，就产生霍尔电压。（　　）

4. 光电式曲轴位置传感器的信号转子安装在分电器轴上，其外缘内侧开有 360 条透光槽，用来产生 1° 信号。（　　）

5. 曲轴位置传感器如果出现故障，将会使发动机无法起动。（　　）

四、简答题

1. 简述电磁感应的基本原理。

2．光电式曲轴位置传感器损坏的故障现象有哪些？

3．电磁感应式曲轴位置传感器的检查主要包括哪些内容？

4．霍尔式和光电式曲轴位置传感器的检测主要包括哪些内容？

五、看图填空

根据下图，填写霍尔信号发生器各部件的名称。

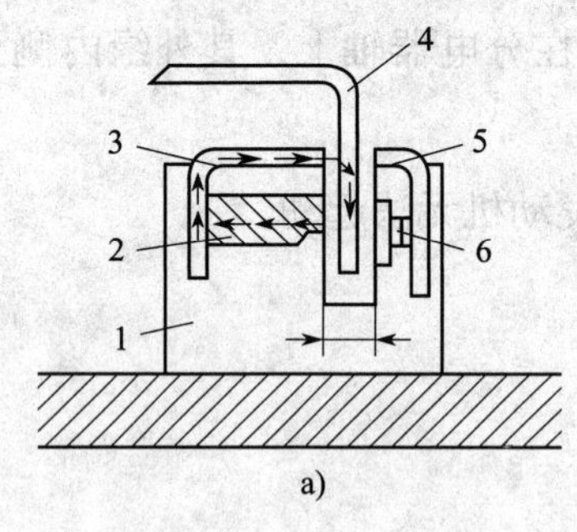

a)

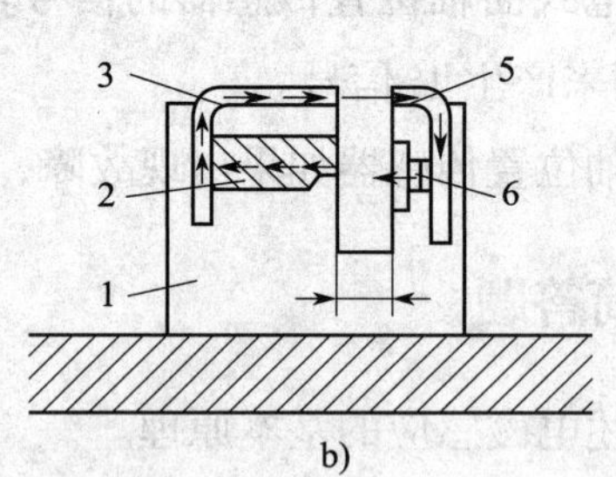

b)

1：________________________

2：________________________

3：________________________

4：________________________

5：________________________

6：________________________

任务③ 凸轮轴位置传感器的检修

一、填空题（将正确答案填在横线上）

1．凸轮轴位置传感器主要用来检测凸轮轴的________________。

2．发动机控制单元用凸轮轴位置传感器信号确定发动机某气缸的____________位置。

3．捷达 GTX 型轿车采用的霍尔式凸轮轴位置传感器安装在发动机______________的一端。

4．霍尔元件与永久磁铁之间有____mm 的间隙。

二、选择题（将正确答案的序号填在括号内）

1．凸轮轴位置传感器一般都用（　　）表示。

A．CIS　　B．BIS　　C．AIS　　D．DIS

2．当霍尔式凸轮轴位置传感器信号转子的隔板离开霍尔元件与永久磁铁之间的间隙时，永久磁铁的磁通经导磁片和霍尔集成电路构成回路，产生的霍尔电压约为 2.0 V，集成电路输出极晶体管导通，传感器输出的信号电压为（　　）V。

A．0　　B．0.1　　C．1　　D．5

3．凸轮轴位置传感器信号转子的隔板上有一个窗口，窗口对应产生的信号为（　　）信号。

A．电压　　B．频率　　C．低电平　　D．高电平

4．发动机控制单元根据曲轴位置传感器（　　）齿缺对应输出的信号控制点火提前角。

A．小　　B．大　　C．平　　D．陡

三、判断题（正确的打“√”，错误的打“×”）

1．当霍尔式凸轮轴位置传感器信号转子的隔板进入霍尔元件与永久磁铁之间的间隙时，霍尔集成电路中的磁场被旁路，霍尔元件上没有磁力线穿过。（　　）

2．发动机工作时，曲轴位置传感器和凸轮轴位置传感器产生的信号不断地输入车身控制模块（BCM）。（　　）

3．当发动机控制单元同时接收到曲轴位置传感器大齿缺对应的低电平信号（15°）和凸轮轴位置传感器窗口对应的低电平信号时，可以识别出 1 缸活塞在压缩上止点、4 缸活塞处于排气行程。（　　）

4．检查凸轮轴位置传感器的安装情况时，如果异常，则重新更换凸轮轴位置传感器。（　　）

5．凸轮轴位置传感器又称为进气量识别传感器。（　　）

四、简答题

简述凸轮轴位置传感器的检查方法。

五、看图填空

根据下图，填写霍尔式凸轮轴位置传感器与发动机控制单元的连接电路的端子含义。

1：__________

2：__________

3：__________

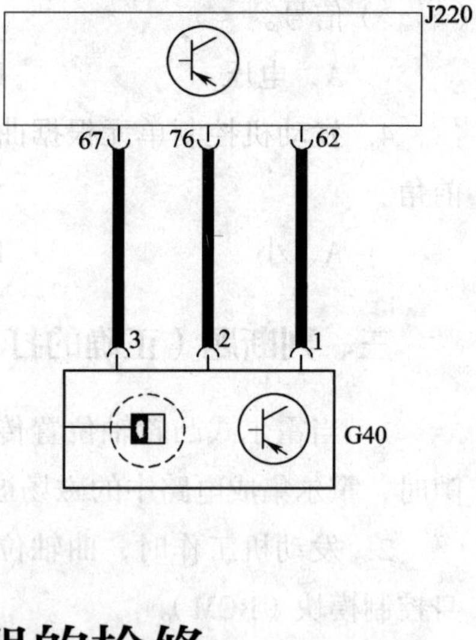

J220

67　76　62

3　2　1

G40

任务4　爆震传感器的检修

一、填空题（将正确答案填在横线上）

1．早期的汽油中都含有铅，作用是防止汽油燃烧时产生__________，但同时也带来了环境污染。

2．爆震传感器能把发动机爆震产生的振动转变为＿＿＿＿＿＿，传递给发动机控制单元。

3．发动机控制单元根据爆震传感器传递来的信号，对＿＿＿＿＿＿＿进行修正。

4．爆震传感器是＿＿＿＿＿＿＿＿元件，其输出电压与一定频率的振动强度相关。

5．爆震传感器安装在＿＿＿＿＿＿＿＿＿＿上。

6．利用振动法检测爆震的传感器有＿＿＿＿＿＿＿式和＿＿＿＿＿＿＿式两种类型。

7．共振型压电式爆震传感器的＿＿＿＿＿＿＿＿紧密地贴合在振荡片上，振荡片则固定在传感器的基座上。

8．共振型压电式爆震传感器在爆震时输出的电压比较高，因此无需使用＿＿＿＿＿即可判别有无爆震产生。

二、选择题（将正确答案的序号填在括号内）

1．爆震是一种（　　）燃烧，会影响发动机运行。

A．正常　　B．不正常　　C．完全　　D．充分

2．爆震时混合气压缩程度大，燃烧速度很快，并产生高温高压，强烈的爆震将（　　）发动机的输出功率。

A．控制　　B．平衡　　C．降低　　D．增加

3．持续的爆震会造成发动机活塞和气门的（　　）损坏。

A．机械　　B．内部　　C．外部　　D．永久

4．发动机控制单元根据爆震传感器传递来的信号，使（　　）的值始终处于最佳状态。

A．充电电压　　B．冷却液温度

C．节气门开度　　D．点火提前角

5．发动机控制单元根据爆震传感器输出（　　）的大小确定是否存在爆震。

A．电流　　B．电压　　C．电阻　　D．频率

三、判断题（正确的打“√”，错误的打“×”）

1．共振型磁致伸缩式爆震传感器是应用最早的爆震传感器。（　　）

2．当发动机爆震时的振动频率与振荡片的固有频率相符合时，振荡片产生共振，此时压电元件将产生最小的电压信号。（　　）

3．当发动机爆震时，安装在发动机机体上的非共振型压电式爆震传感器外部平衡重因受振动的影响而产生加速度。（　　）

4．从共振型爆震传感器的输出波形可以直接观察出爆震的波形。（　　）

5．爆震传感器有故障时不可能造成有爆鸣声、点火提前角失调、经济性能变差以及尾气排放超标。（　）

6．如果发动机爆震传感器的固定力矩过小，会使传感器的灵敏度下降，发动机容易产生爆震。（　）

四、简答题

1．简述共振型磁致伸缩式爆震传感器的结构及工作原理。

2．如何进行爆震传感器的外观检查?

3．如何进行爆震传感器的单件检查?

任务5 电控发动机点火系统的检修

一、填空题（将正确答案填在横线上）

1. 点火线圈的一次线圈和二次线圈都环绕在铁芯上，二次线圈的匝数大约是一次线圈的________倍。

2. 一次线圈的一端连接在____________上，二次线圈的一端连接在____________上，两个线圈各自的另一端则连接在蓄电池上。

3. 现在汽车上的点火器一般与_______________制为一体。

4. 双缸同时点火系统的点火线圈有______个高压接口。

5. 火花塞的电极_______________，越容易产生电火花，但是，这样的火花塞损耗更快，使用寿命较短。

6. 白金火花塞的白金焊在中央电极和侧电极的顶端，中央电极的直径较常规火花塞的要______。

7. 火花塞电极间隙的正常值一般为___________mm。

8. 火花塞电极间隙过______时，可能发生熄弧效应；间隙过______时，火花不易跳过该间隙，发动机可能会熄火。

9. 火花塞的热值会影响火花塞中央电极的温度，该温度在___________℃之间时，火花塞的工作性能最佳。

二、选择题（将正确答案的序号填在括号内）

1. 火花塞的最低自洁温度一般为（　　）℃。

A．450　　B．650　　C．750　　D．950

2. 火花塞的热值越大，说明散热越好，火花塞越（　　）；热值越小，说明越不容易散热，火花塞越（　　）。

A．冷，冷　　B．冷，热　　C．热，冷　　D．热，热

3. 普通型火花塞的更换间隔里程为（　　）km。

A．1 000 ~ 3 000　　B．3 000 ~ 5 000

C．5 000 ~ 10 000　　D．10 000 ~ 60 000

4. 转速升高时，闭合角应（　　），以确保一次侧电流足够大；转速降低时，闭合角应（　　），以确保点火线圈不致过热。

A．减小，减小　　B．减小，增大

C．增大，减小　　D．增大，增大

三、判断题（正确的打“√”，错误的打“×”）

1．如果定格数据中的冷却液温度低于 75 ℃，则仅在发动机暖机过程中发生过缺火。（　）

2．可以通过检查 DTC 和定格数据，检查是否发生缺火。（　）

3．检查是否发生缺火时，如果除缺火 DTC 外，还输出了其他 DTC，应首先对其他 DTC 进行故障排除。（　）

4．完成缺火故障的维修后不需执行确认行驶模式，也不需确认有没有再次存储缺火 DTC。（　）

5．PCV 阀和软管应连接正确且无损坏。（　）

四、名词解释

1．火花塞热值

2．自洁温度

3．自燃温度

五、简答题

1．简述点火器的主要功能。

2. 点火器有哪些辅助控制功能?

3. 简述点火器的恒流控制功能。

4. 简述点火线圈的检查方法。

5. 火花塞的检查项目包括哪些?

六、看图填空

根据下图，填写点火线圈各部件的名称。

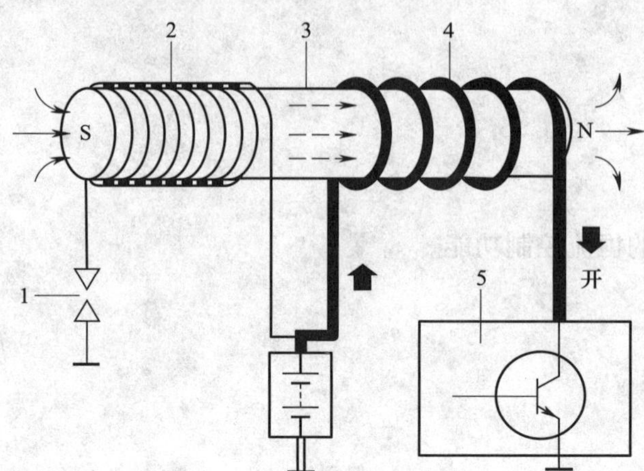

1：________________________

2：________________________

3：________________________

4：________________________

5：________________________

项目五　电控发动机排放控制系统的原理与检修

任务1　氧传感器的检修

一、填空题（将正确答案填在横线上）

1．在传统化油器式发动机上，燃油经过燃烧后，废气直接排放到________中。

2．在电控发动机上安装有________________，其能够在燃油喷射闭环控制系统中将燃油的燃烧情况反馈给发动机控制单元。

3．氧传感器安装在发动机____________上。

4．上游氧传感器被发动机控制单元用于进行____________调节。

5．目前使用的氧传感器有____________式和____________式两种，其中应用最多的是____________式氧传感器。

6．当混合气的实际空燃比________理论空燃比，即发动机以较浓的混合气运转时，排气中氧含量少。

7．氧化钛式氧传感器是利用二氧化钛材料的____________随排气中氧含量的变化而变化的特性制成的。

8．氧化锆式氧传感器有一个特性，就是当氧离子移动时会造成____________的产生。

二、选择题（将正确答案的序号填在括号内）

1．现在大部分汽车使用带（　　）的氧传感器，这种氧传感器内有一个电加热元件，可在发动机起动后的 20 ~ 30 s 内迅速将氧传感器加热至工作温度。

A．加热器　　B．电脉冲

C．电流　　D．电压

2．氧化锆式氧传感器产生的电压将在混合气浓度接近理论空燃比时发生突变，稀混合气时，输出电压大约为（　　）V。

A．0　　B．1　　C．2　　D．5

3．要准确地保持混合气浓度为理论空燃比是（　　）的。

A．错误　　B．正常　　C．不可能　　D．可能

4. 如果氧传感器的输出电压变化过缓或电压保持（　　），则表明氧传感器有故障，需检修。

A. 攀升　　B. 不变

C. 最大值　　D. 最小值

5. 氧化锆式氧传感器的工作范围是在过量空气系数 $\lambda=1$ 的附近产生一个（　　）的输出电压变化。

A. 跳跃性　　B. 平稳性

C. 稳定　　D. 不稳定

6. 氧化锆式氧传感器直接利用（　　）信号作为测量值。

A. 电流　　B. 电阻　　C. 电压　　D. 电磁

7. 在采用双氧传感器的排放系统中，上游氧传感器采用（　　）氧传感器，下游氧传感器采用加热型的氧化锆式氧传感器。

A. 宽带型　　B. 氧化锆式

C. 排气压力　　D. 闭环控制

三、判断题（正确的打“√”，错误的打“×”）

1. 发动机控制单元根据空气流量传感器提供的信息，自动调整空燃比，保证燃油充分燃烧。（　　）

2. 下游氧传感器安装在三元催化转化器后面的排气管上。（　　）

3. 在混合气的任何空燃比范围内，三元催化转化器都可以有效地起到净化作用。（　　）

4. 下游氧传感器被发动机控制单元用于判断三元催化转化器的燃烧效率。（　　）

5. 在排气管中插入氧传感器，检测废气中的氧浓度，测定空燃比，并将其转换成电压信号或电阻信号，反馈给发动机控制单元，发动机控制单元控制空燃比收敛于理论值。（　　）

6. 氧化锆式氧传感器的接线端有一个金属护套，其上开有一个用于锆管内腔与排气管相通的孔。（　　）

7. 氧化锆式氧传感器的基本元件是氧化锆陶瓷管，也称锆管。（　　）

8. 氧化锆式氧传感器在温度超过 300 ℃后，才能进行正常工作。（　　）

9. 早期使用的氧化锆式氧传感器靠排气加热，这种传感器在发动机起动运转后就可以开始工作。（　　）

10. 锆管的陶瓷体是单孔的，渗入其中的氧气在温度较低时会发生电离。（　　）

四、简答题

1．简述氧化锆式氧传感器的结构及工作原理。

2．什么是宽带型氧传感器？

3．氧传感器损坏的现象有哪些？

4．如何对氧传感器的反馈电压进行检测？

5．简述宽带型氧传感器的工作原理。

6．简述宽带型氧传感器与氧化锆式氧传感器在检测时的区别。

五、看图填空

根据下图，填写氧化锆式氧传感器各部件的名称及端子含义。

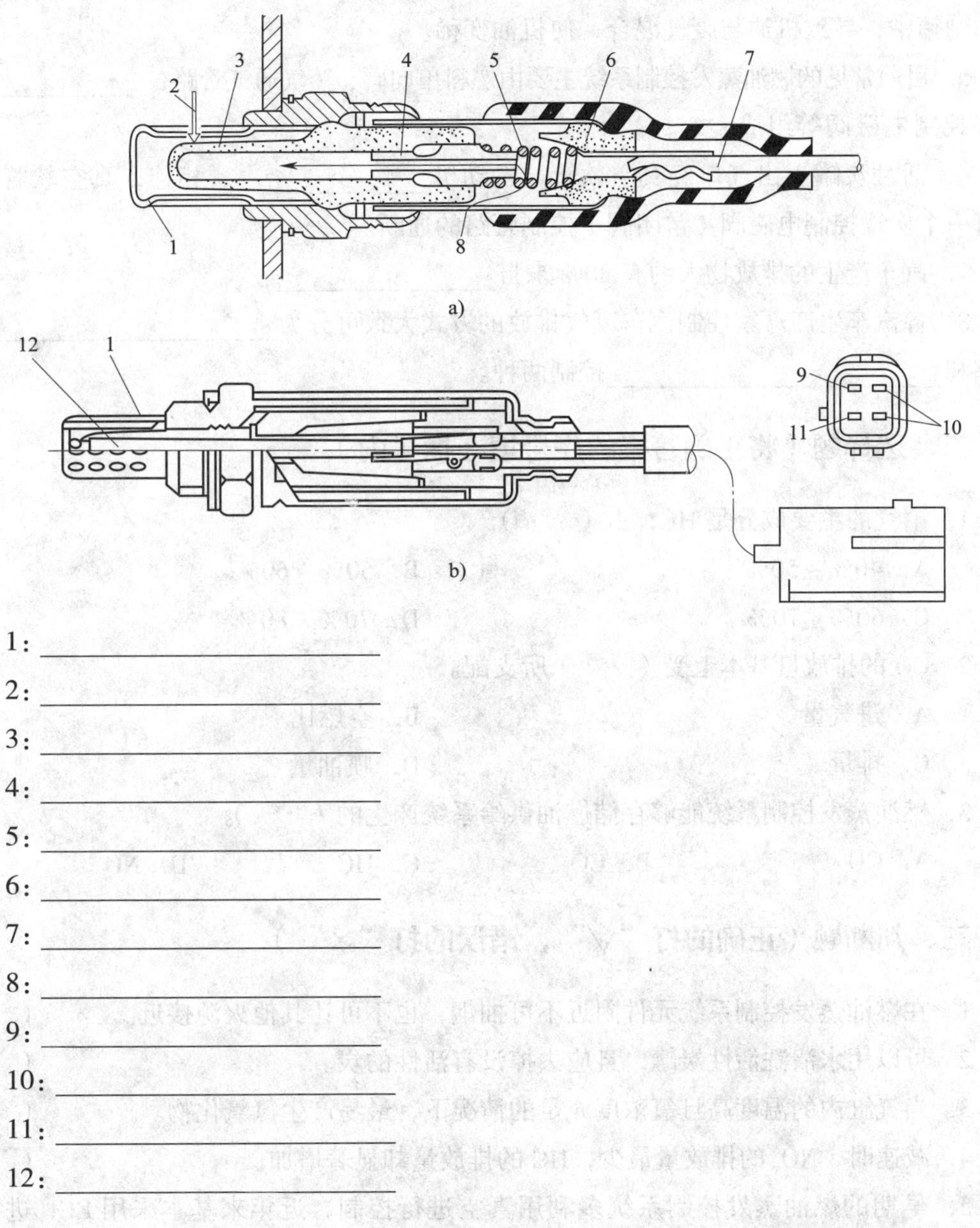

1：________________

2：________________

3：________________

4：________________

5：________________

6：________________

7：________________

8：________________

9：________________

10：________________

11：________________

12：________________

任务2 燃油蒸发控制系统的检修

一、填空题（将正确答案填在横线上）

1．发动机燃烧后所排放废气的有害成分主要有________、________和________三种。

2．一氧化碳通常在空燃比________时容易产生。

3．怠速时，发动机燃烧后所排放的废气中________排放量最多，NO_x 最少；行驶时，________排放量最多，HC 最少。

4．发动机从________到________行程时，未燃烧的气体经活塞环、气缸的间隙窜入曲轴箱中，导致机油与废气混合，使机油变稀。

5．目前常见的燃油蒸发控制系统主要由燃料单向阀、蒸气通气管路、____________、炭罐控制电磁阀等组成。

6．活性炭罐上出气口经真空软管与发动机____________相连，真空软管中部设有一个炭罐控制电磁阀（常闭阀）控制管路的通断。

7．汽车产生的排放物大约有 20% 来自____________。

8．各汽车生产厂家控制汽车废气排放的方式大致可分为____________________控制和____________________控制两种。

二、选择题（将正确答案的序号填在括号内）

1．窜气的主要成分是 HC，占（　　）。

A．40%～50%　　B．50%～60%

C．60%～70%　　D．70%～80%

2．CO 的排放量基本上受（　　）所支配。

A．进气量　　B．空燃比

C．排量　　D．喷油量

3．燃油蒸发控制系统能够存储燃油供给系统产生的（　　）。

A．CO　　B．CO_2　　C．HC　　D．NO_x

三、判断题（正确的打“√”，错误的打“×”）

1．在燃油蒸发控制系统元件附近不可抽烟，也不可让其他火源接近。（　　）

2．可以用水清洗活性炭罐，且应去掉没有活性的炭。（　　）

3．当气缸内的温度高且氧浓度充足的情况下，最易产生氮氧化物。（　　）

4．减速时，NO_x 的排放量最少，HC 的排放量却显著增加。（　　）

5．早期的燃油蒸发控制系统多利用真空进行控制，近年来基本采用 ECU 进行控制。（　　）

四、名词解释

1．一氧化碳

2．氮氧化物

五、简答题

1．汽车产生的有害气体主要从哪三个途径排出？

2．简述燃油蒸发控制系统的一般检查方法。

3．简述燃油蒸发控制系统的检查注意事项。

4．简述活性炭罐的检查方法。

六、看图填空

根据下图，填写燃油蒸发控制系统各部件的名称。

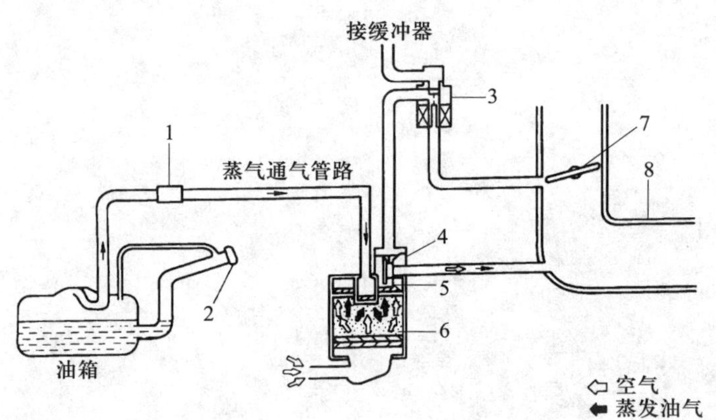

1：________________

2：________________

3：________________

4：________________

5：________________

6：________________

7：________________

8：________________

任务3　催化转化系统的检修

一、填空题（将正确答案填在横线上）

1．催化转化器安装在________________与________________之间。

2．目前采用的几种催化转化器主要有____________催化转化器、____________催

化转化器、____________催化转化器以及____________催化转化器。

3．三元催化转化器采用________和________作为催化剂。

4．为了将实际空燃比精确地控制在理论空燃比附近，使三元催化转化器工作在最佳状态，在发动机控制系统中采用氧传感器实现空燃比反馈控制，即________控制。

5．将三元催化转化器与氧化型催化转化器装在一个公用壳体内作为一个单独的总成，称之为__________________________。

6．根据催化剂载体的结构特点，三元催化转化器可分为________式和________式两种。

7．整体式三元催化转化器由_________________、_________________、壳体和衬垫组成。

8．用高温测试仪测试三元催化转化器进气口和出气口的温度，正常情况下出气口的温度应该比进气口的温度高_________________℃。

二、选择题（将正确答案的序号填在括号内）

1．氧传感器温度在 400 ℃以下、氧传感器或其电路发生故障时，采用（　　）。

A．开环控制　　B．闭环控制

C．不控制　　D．任意控制

2．有些轿车采用小型附加的预热催化转化器，安装在紧靠（　　）的地方。

A．进气总管　　B．进气歧管

C．排气歧管　　D．排气总管

3．三元催化转化器安装在发动机排气管（　　）。

A．前段　　B．中段

C．后段　　D．尾段

4．发动机控制单元是利用（　　）的信号来检测三元催化转化器的工作性能的。

A．冷却液温度传感器　　B．氧传感器

C．车速传感器　　D．进气温度传感器

5．三元催化转化器的工作正常与否可以用（　　）来测试。

A．万用表　　B．示波器

C．压力表　　D．废气分析仪

三、判断题（正确的打“√”，错误的打“×”）

1．目前，催化转化器在汽车上得到广泛应用。（　　）

2．氧化型催化转化器常用的催化剂载体材料是氧化铝。（　　）

3．三元催化转化器除可减少 HC 和 CO 的排放外，还有助于减少 NO_x 的排放。（　　）

4．在发动机起动、怠速、暖机、加速、全负荷、减速断油等工况下，发动机不可能以理论空燃比工作，故采用闭环控制方式。（　　）

四、简答题

1．简述催化转化器维护与检查的注意事项。

2．简述三元催化转化器外观的检查方法。

3．简述三元催化转化器的氧传感器信号测试法。

五、看图填空

根据下图，填写三元催化转化器各部件的名称。

1：________________________

2：________________________

3：________________________

4：________________________

任务4 废气再循环控制系统的检修

一、填空题（将正确答案填在横线上）

1．在汽车上加装废气再循环控制系统的主要目的是减少________的生成量。

2．对EGR率进行控制时，根据发动机工况的不同，进入进气歧管的废气量一般控制在___________之间。

3．废气再循环控制系统的部件主要有___________、EGR阀枢轴位置传感器和EGR真空调节器等。

4．EGR阀按控制方式的不同可分为进气歧管真空度控制的______________式EGR阀和发动机ECU控制的________式EGR阀。

5．真空膜片式EGR阀主要有_______________EGR阀、_______________EGR阀和_______________EGR阀三种。

6．EGR阀枢轴位置传感器的功用是检测EGR阀的________位置，并利用电位计将其位置信号转变为相应的电压信号，反馈给发动机 ECU。

7．在正常的由 ECU 控制的 EGR 控制系统中，ECU 将采用________信号、________信号、________信号等来控制 EGR 阀枢轴位置传感器枢轴的提升度。

8．EGR 率必须根据发动机工况要求进行控制，通常将 EGR 率控制在________范围。

9．在低速、小负荷时，由于供油量小，燃烧变得相对不太稳定，应______EGR 率；在高速、大负荷时，为了获得较高的输出功率，应______EGR 率。

10．用万用表电阻挡测量 EGR 电磁阀线圈的电阻值，电阻值应为________Ω，否则应更换 EGR 电磁阀。

二、选择题（将正确答案的序号填在括号内）

1．当 EGR 率达到（　　）时，NO_x 的排放量可减少 60%。

A．15%　　B．25%　　C．35%　　D．45%

2．EGR 率过小，NO_x 排放达不到法规要求，易产生（　　）和发动机过热等现象。

A．抖动　　B．失速　　C．爆震　　D．熄火

三、判断题（正确的打“√”，错误的打“×”）

1．用手动真空泵给 EGR 阀膜片上方施加约 15 kPa 的真空度，EGR 阀应能开启，不施加真空度时，EGR 阀应能完全关闭。（　　）

2．废气再循环控制系统可以把发动机排出的一部分废气引入空气供给系统中，和混合气一起再进入气缸中燃烧，以抑制氮氧化物的生成。（　　）

3．废气再循环简称 EGR。（　　）

4．减少 NO_x 的最好方法就是降低燃烧室的温度。（　　）

5．EGR 率增加过多时，可使燃烧变得稳定，发动机性能上升。（　　）

四、名词解释

1．EGR 率

2．废气再循环

五、简答题

1．简述气道式 EGR 阀的工作原理。

2．简述 EGR 的控制策略。

3．简述可变 EGR 率废气再循环控制系统的工作原理。

4．简述 EGR 电磁阀的检查方法。

六、看图填空

根据下图，填写普通电子式 EGR 控制系统各部件的名称。

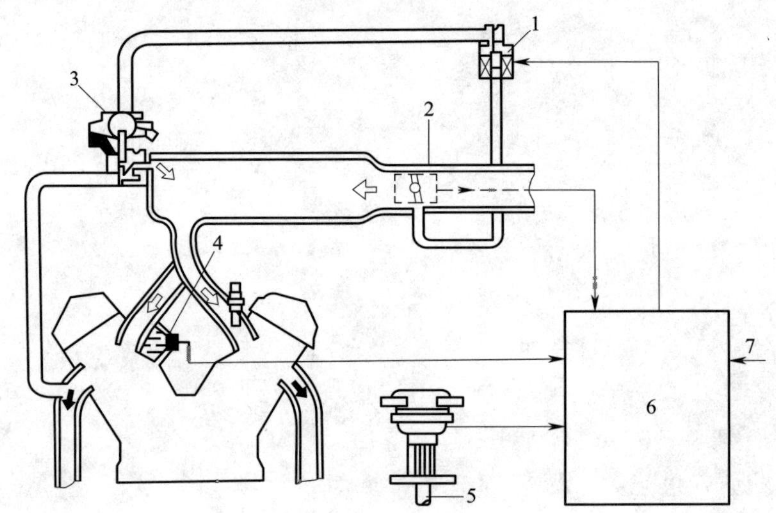

1：____________________

2：____________________

3：____________________

4：____________________

5：____________________

6：____________________

7：____________________

任务5 二次空气喷射系统的检修

一、填空题（将正确答案填在横线上）

1．二次空气分为上游气流及下游气流，上游气流进入________________。

2．目前所用的二次空气供给方法有两种，一种是________________系统，另一种是________________系统。

二、选择题（将正确答案的序号填在括号内）

1．如果喷入排气歧管的二次空气过量，会使排气歧管内的空气在EGR阀工作时同废气一同喷入燃烧室，这样会严重影响EGR阀的工作效率，使（　　）排放量增加。

A．CO　　B．CO_2　　C．HC　　D．NO_x

2．在发动机对氧传感器的信号进行闭环控制时，将二次空气导入（　　）中，就不会影响氧传感器的正常工作。

A．三元催化转化器　　B．排气歧管

C．进气歧管　　D．排气总管

三、判断题（正确的打“√”，错误的打“×”）

1．ECU必须通过控制装置控制二次空气的流向，在发动机对氧传感器的信号进行闭环控制时，能将二次空气直接喷入排气歧管内。（　　）

2．在不适当的时间将二次空气喷射在氧传感器的上游，会使氧传感器的信号失真。（　　）

3．脉冲空气系统不需动力源。（　　）

4．当二次空气喷射系统有故障后，发动机也会有明显的故障现象。（　　）

四、简答题

1．简述空气泵系统的工作方式。

2．简述脉冲空气系统的工作方式。

任务6 曲轴箱强制通风系统的检修

一、填空题（将正确答案填在横线上）

1．曲轴箱通风方式有________通风和________通风两种。

2．____________是曲轴箱强制通风系统中最重要的部件。

3．一般用________________测试法或________________测试法检查 PCV 系统工作正常与否。

二、选择题（将正确答案的序号填在括号内）

1．PCV 阀控制曲轴箱中的气体流入（　　），同时防止气体或火焰反向流动。

A．进气总管　　B．排气歧管

C．进气歧管　　D．排气总管

2．发动机在部分节气门开度下工作（常速行驶）时，进气歧管真空度比怠速时（　　）。

A．小　　B．大　　C．不变

3．PCV 阀一般安装在（　　）上。

A．空气滤清器　　B．气缸　　C．节气门体　　D．排气总管

三、判断题（正确的打“√”，错误的打“×”）

1．闭式系统既不会使窜气排入大气，又能用新鲜空气进行曲轴箱换气，目前被普

遍采用。 (　　)

2．曲轴箱内的压力随发动机转速升高而减小。 (　　)

四、简答题

简述曲轴箱强制通风系统的工作过程。

项目六　发动机 ECU 的原理与检修

任务1　发动机 ECU 的检修

一、填空题（将正确答案填在横线上）

1. 发动机控制单元（ECU）是发动机的一种____________________装置。

2. 汽车需要在不同的道路和气候条件下行驶，发动机 ECU 的工作环境较差，经常需要承受振动以及________和________的变化。

3. 发动机 ECU 必须具有足够高的____________程度。

4. 汽车发动机 ECU 一般使用____V 电压的电源驱动其传感器。

5. 发动机 ECU 的输入信号一般都要先经过________________进行处理。

6. ____________________是发动机电控系统的神经中枢。

7. 从传感器送出的信号，有________信号和________信号两种。

8. 霍尔式转速传感器送出的信号是________信号。

9. 微机主要由中央处理器（CPU）、________________和________________等组成。

10. ECU 电源电路由三部分组成，包括________________电路、________________电路和________________电路。

二、选择题（将正确答案的序号填在括号内）

1. RAM 在微机中起（　　）存储信息的作用。

A. 消除　　B. 周期　　C. 暂时　　D. 永久

2. 在电子工业中，（　　）V 电压普遍作为传送信息的标准。

A. 2.5　　B. 5　　C. 12　　D. 24

3. 电磁式曲轴位置传感器输入 ECU 的信号，其幅值是随转速变化的，发动机转速升高时，输出的电压幅值（　　），发动机转速降低时，输出的电压幅值（　　）。

A. 增大，减小　　B. 减小，增大

C. 波动，平稳　　D. 不变，增大

4.（　　）主要由进行算术和逻辑运算的运算器、暂时存储数据的寄存器、按照程序执行各装置之间信号传送及控制任务的控制器等构成。

A. ECU　　B. CPU　　C. BCM　　D. ECM

5．一般汽车的 ECU 电源电路向 ECU 提供的电压在（　　）V 之间。

A．0 ~ 5　　B．5 ~ 10　　C．10 ~ 12　　D．12 ~ 14

三、判断题（正确的打“√”，错误的打“×”）

1．发动机 ECU 一般不需要很高的可靠性和耐久性。（　　）

2．只读存储器简称 RAM。（　　）

3．发动机 ECU 具有自诊断能力。（　　）

4．总线是一束传递信息的内部连线。（　　）

5．冷却液温度传感器向 ECU 输入的是快速变化的连续信号。（　　）

四、名词解释

1．发动机 ECU

2．失效保护功能

3．存储器

4．输入输出接口（I/O）

五、简答题

1．发动机 ECU 的作用是什么？

2．发动机 ECU 的特点是什么？

3．简述更换新发动机 ECU 的注意事项。

4．简述发动机 ECU 的维修步骤。

5．发动机 ECU 的常见故障有哪些？

任务❷ 随车自诊断系统的认知

一、填空题（将正确答案填在横线上）

1．____________的主要目的是检查传感器或其电路是否有故障，无法有效控制废气排放。

2．OBD-Ⅱ标准码由____个字符组成。

3．OBD-Ⅱ有两种检测过程：____________检测和____________检测。

4．2002 年以后生产的车辆需要检测____________________________系统的工作状况。

5．发动机熄火可能由____________和____________等因素造成。

6．三元催化转化器后的副氧传感器检测方式，一般通过________测试进行。

7．在汽车电子控制系统中，各系统的控制单元都有____________功能。

8．在自诊断系统中，对系统故障的诊断有两种不同的诊断模式，一种是__________诊断模式，另一种是__________诊断模式。

二、选择题（将正确答案的序号填在括号内）

1．（　　）的主要目的是使汽车的检测、维护和管理合为一体，以满足环境保护的要求。

A．OBD-Ⅰ　　B．OBD-Ⅱ　　C．OBD-Ⅲ　　D．OBD-Ⅳ

2．OBD-Ⅱ标准码的第一个字符为英文字母，代表检测系统，（　　）代表发动机和变速器电控系统，C 代表底盘电控系统，B 代表车身电控系统。

A．B　　B．P　　C．C　　D．D

3．OBD-Ⅱ的非连续检测包括三元催化转化器的检测、废气再循环系统的检测、燃油蒸发控制系统的检测、（　　）的检测和二次空气喷射系统的检测。

A．氧传感器　B．温度传感器　C．湿度传感器　D．压力传感器

4．在连续（　　）次行驶过程中，氧传感器都无法通过测试时，故障指示灯即点亮并设定故障码。

A．一　B．两　C．三　D．四

5．采用统一的故障码，就能使用统一协议的检测工具、标准化的（　　）端子诊断座（DLC）进行检测。

A．12　B．14　C．16　D．18

三、判断题（正确的打“√”，错误的打“×”）

1．OBD-Ⅱ不能测试排放控制装置，且不能检查排放装置是否正常工作。（　　）

2．OBD-Ⅱ的连续检测包括发动机熄火的检测、燃油供给系统的检测（燃油修正）和综合元件的检测。（　　）

3．不同厂家所使用的废气检测方式都相同。（　　）

4．在进行检测时，CCM 首先检查各元件信号电压是否过高、过低，信号是否超出范围，再检查信号的合理性。（　　）

5．除可获得故障码外，OBD-Ⅱ还可提供传感器检测数值、控制状态、控制参数和执行器通 / 断等信息。（　　）

四、简答题

1．什么是 OBD-Ⅱ的发动机熄火检测？

2．什么是 OBD-Ⅱ的综合元件检测？

3．什么是 OBD－Ⅱ的三元催化转化器检测？

4．什么是 OBD－Ⅱ的氧传感器检测？

5．什么是 OBD－Ⅱ的燃油供给系统检测？

6．简述第三代随车自诊断系统（OBD－Ⅲ）的特点。

7．简述随车自诊断系统的工作原理。

8．简述故障码与故障的关系。

五、看图填空

根据下图，填写 16 端子诊断座指定端子的用途。

1．4 号端子：______________________

2．5 号端子：______________________

3．16 号端子：______________________

1	2	3	4	5	6	7	8
9	10	11	12	13	14	15	16

任务❸ 诊断仪器的使用

一、填空题（将正确答案填在横线上）

1. 常见的诊断仪器有汽车专用万用表、示波器、________________等。

2. 在使用汽车专用万用表时，将黑测试棒插入________测试棒插孔，红测试棒插入________测试棒插孔。

3. 在噪声环境中使用汽车专用万用表测量小信号的频率时，使用______________为好。

4. 可以使用__________对汽车电气设备修理结果进行验证。

二、选择题（将正确答案的序号填在括号内）

1. 当汽车专用万用表检测到被测电路输入端开路时，会显示（　　），表示过量程。

A. 0　　B. 1　　C. 2　　D. 3

2. 在使用汽车专用万用表进行二极管测量时，若待测线路两端电阻值低于（　　）Ω，内置蜂鸣器发声。

A. 10　　B. 20　　C. 70　　D. 80

3. 对于（　　）反馈平衡信号的检测，没有其他设备比示波器更有效。

A. 氧传感器　　B. 温度传感器　　C. 压力传感器　　D. 转速传感器

4. 示波器可以显示出电子信号的（　　）种判定尺度。

A. 三　　B. 四　　C. 五　　D. 六

三、判断题（正确的打“√”，错误的打“×”）

1. 现在汽车电子控制系统的 ECU 内部都有一个故障自诊断系统。（　　）

2. 汽车专用万用表不可以进行温度的检测。（　　）

3. 使用汽车专用万用表检测电流时，如果不知被测电流范围，则先将功能开关旋钮置于最小量程，然后视情况调至合适量程。（　　）

4. 由于软件的限制，解码器不能检测到损坏的喷油驱动器、氧传感器信号电压变化过慢、反向的电压信号或动态间歇性故障。（　　）

5. 使用示波器时，通过波形分析不能检查出电路中传感器、执行器以及电路和 ECU 等各部分的故障。（　　）

6. 汽车故障诊断仪是和随车自诊断系统配套使用的。（　　）

四、名词解释

1．幅值

2．频率

3．脉宽

五、简答题

1．如何使用汽车专用万用表测量电压？

2．如何使用汽车专用万用表测量电流？

六、看图填空

根据下图，填写汽车专用万用表各部件的名称及功能。

1：________________

2：________________

3：________________

4：________________

5：________________

6：________________

7：________________

8：________________

9：________________

10：________________

11：________________

12：________________

13：________________

14：________________

15：________________

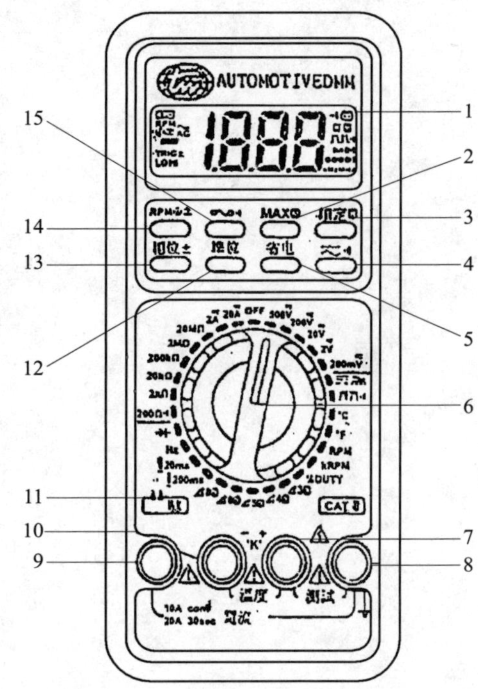